Impressum
Verlag: BABADADA GmbH, Nedderfeld 112 , 22529 Hamburg
Geschäftsführer / Verlagsleitung: Harald Hof
Druck: Books on Demand GmbH, In de Tarpen 42, 22848 Norderstedt

Imprint
Publisher: BABADADA GmbH, Nedderfeld 112 , 22529 Hamburg, Germany
Managing Director / Publishing direction: Harald Hof
Print: Books on Demand GmbH, In de Tarpen 42, 22848 Norderstedt

sekolahan
koulu

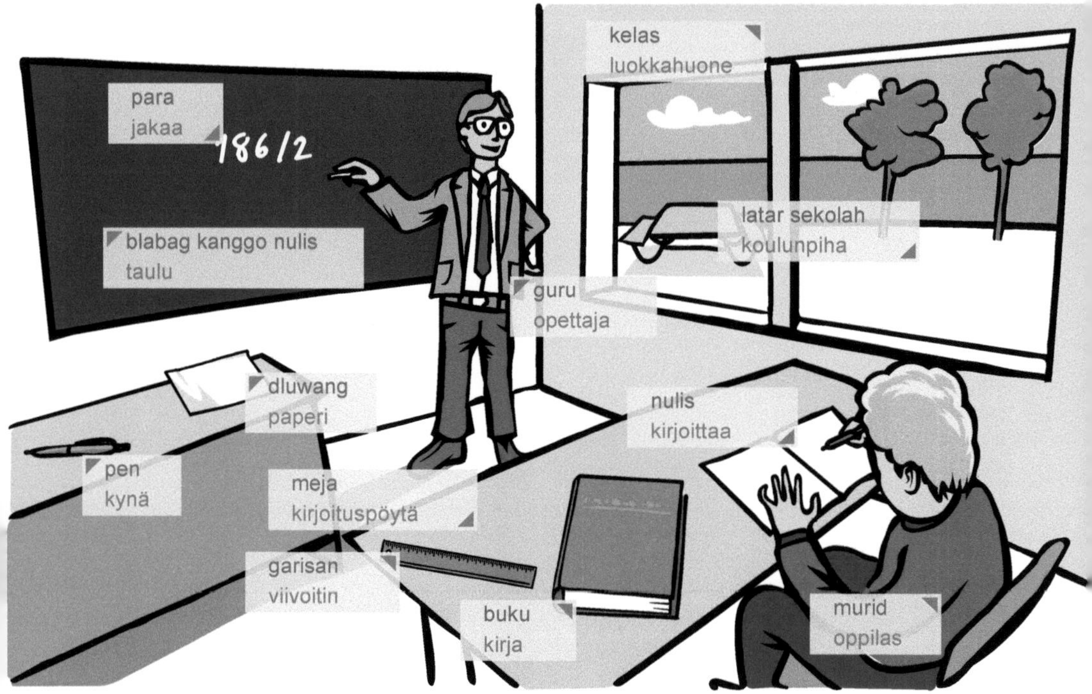
kelas
luokkahuone
para
jakaa
186/2
blabag kanggo nulis
taulu
latar sekolah
koulunpiha
guru
opettaja
dluwang
paperi
nulis
kirjoittaa
pen
kynä
meja
kirjoituspöytä
garisan
viivoitin
buku
kirja
murid
oppilas

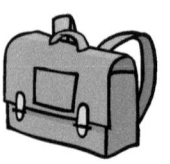

tas sekolah

reppu

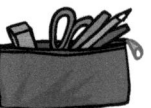

tepak potlot

penaali

potlot

lyijykynä

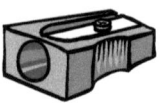

orotan potlot

kynänteroitin

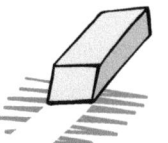

setip

pyyhekumi

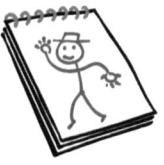

lemek nggambar

piirustuslehtiö

gambar

piirustus

kuwas

pensseli

tepak cat nggambar

vesivärit

gunting

sakset

lem

liima

buku latihan soal

harjoituskirja

pakaryan omah

kotitehtävä

angka

luku

tambah

lisätä

suda

vähentää

ping

kertoa

itung

laskea

aksara

kirjain

abjad

aakkoset

tembung

sana

teks

teksti

maca

lukea

kapur

liitu

wulangan

oppitunti

dhaptar

opettajan muistikirja

ujian

koe

sertipikat

todistus

sragam sekolah

koulupuku

pendhidhikan

koulutus

ensiklopedia

sanakirja

universitas

yliopisto

mikroskop

mikroskooppi

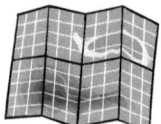

peta

kartta

kranjang larahan

roskakori

perjalanan
matka

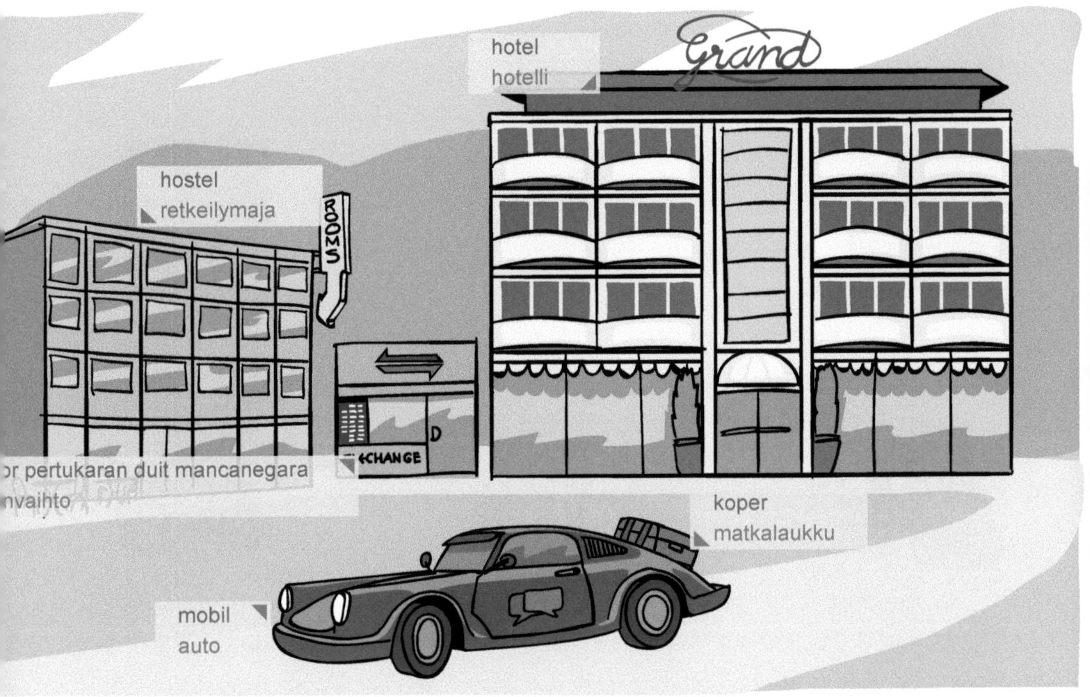
hotel
hotelli
hostel
retkeilymaja
ROOMS
pertukaran duit mancanegara
vaihto
EXCHANGE
koper
matkalaukku
mobil
auto

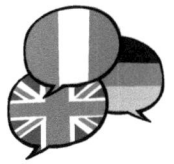

basa
kieli

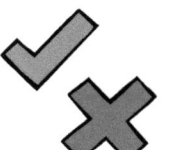

iya / ora
kyllä / ei

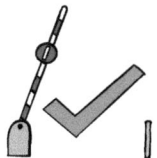

oke
selvä

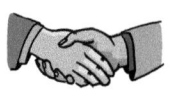

halo
hei

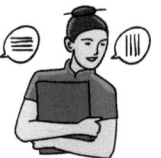

juru basa
tulkki

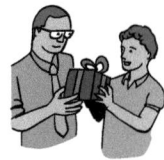

matur nuwun
kiitos

Piro regane ...?

Paljonko...maksaa?

aku ora ngerti

en ymmärrä

masalah

ongelma

Sugeng dalu!

Hyvää iltaa!

Sugeng enjang

Hyvää huomenta!

Sugeng dalu!

Hyvää yötä!

pareng

näkemiin

arah

suunta

koper

matkatavarat

tas

laukku

ransel

reppu

tamu

vieras

kamar

huone

kantong turu

makuupussi

tenda

teltta

informasi turis
turisti-info

pantai
ranta

kertu kredit
luottokortti

sarapan
aamupala

mangan awan
lounas

mangan ing wayah bengi
päivällinen

tiket
matkalippu

lift
hissi

perangko
postimerkki

watesan
raja

cukai
tulli

kedutaan
suurlähetystö

visa
viisumi

paspor
passi

angkutan
kuljetus

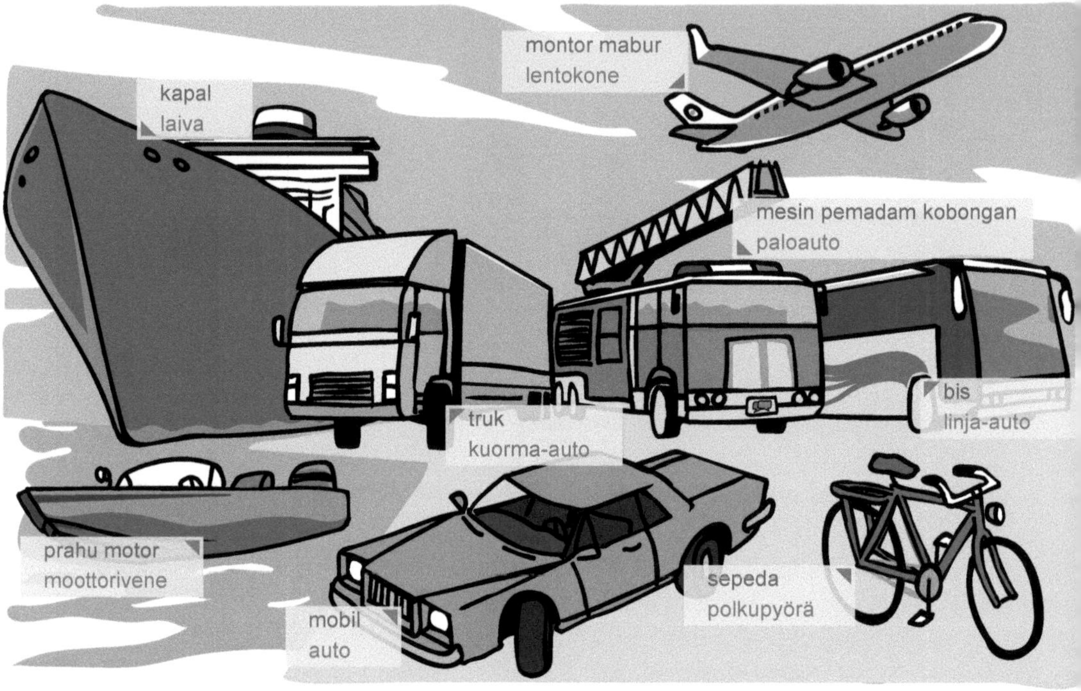
montor mabur
lentokone
kapal
laiva
mesin pemadam kobongan
paloauto
bis
linja-auto
truk
kuorma-auto
prahu motor
moottorivene
sepeda
polkupyörä
mobil
auto

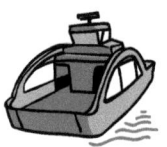

feri
lautta

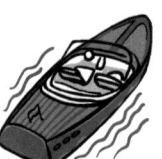

perahu
vene

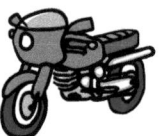

sepeda motor
moottoripyörä

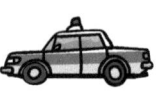

mobil polisi
poliisiauto

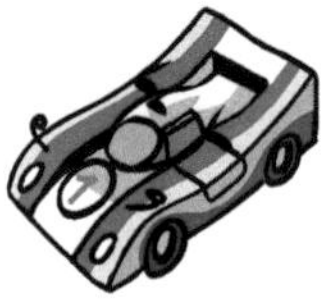

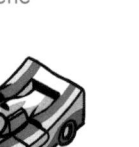

mobil balapan
kilpa-auto

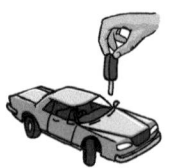

mobil sewa
vuokra-auto

sewa mobil

car sharing

truk derek

hinausauto

truk resek

roska-auto

motor

moottori

bensin

polttoaine

pom bensin

huoltoasema

tanda dalan

liikennemerkki

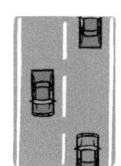

lalu lintas

liikenne

macet

ruuhka

parkir mobil

parkkipaikka

stasiun sepur

rautatieasema

ril sepur

raiteet

sepur

juna

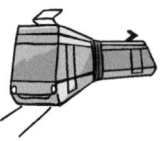

tram

raitiovaunu

grobak

vaunu

helikopter

helikopteri

lapangan montor mabur

lentokenttä

menara

lähilennonjohto

penumpang

matkustaja

kontener

kontti

kerdhus

pahvilaatikko

troli

kärryt

kranjang

kori

mabur / ndarat

nousta / laskea

kutha
kaupunki

desa

kylä

tengah kutha

keskusta

omah

talo

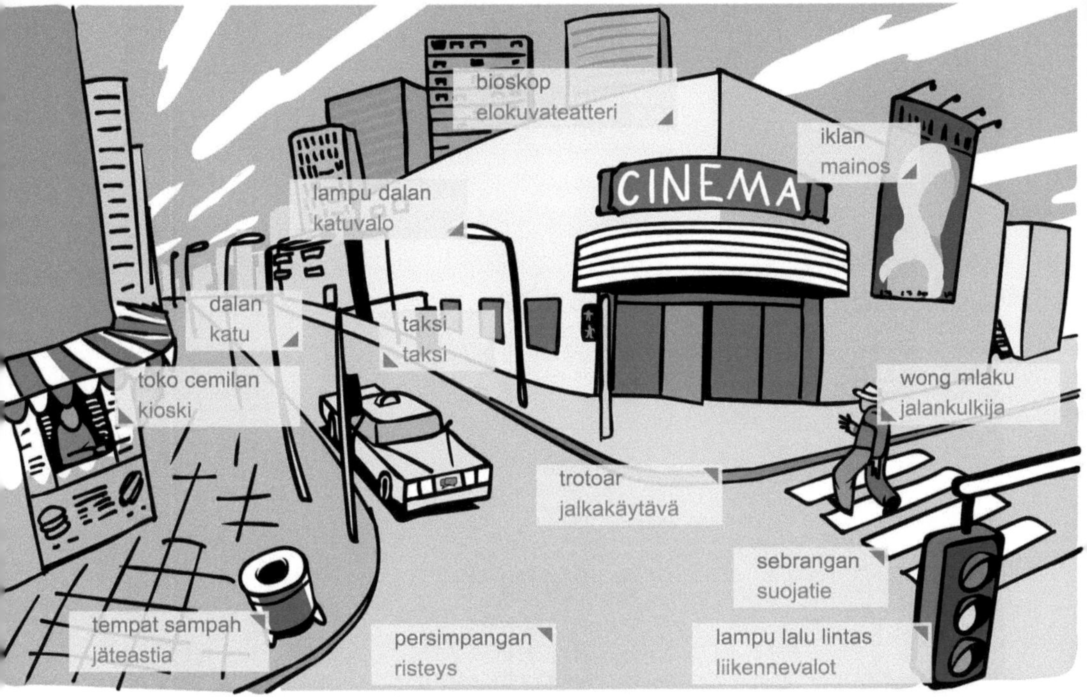

bioskop
elokuvateatteri

iklan
mainos

lampu dalan
katuvalo

CINEMA

dalan
katu

taksi
taksi

toko cemilan
kioski

wong mlaku
jalankulkija

trotoar
jalkakäytävä

sebrangan
suojatie

tempat sampah
jäteastia

persimpangan
risteys

lampu lalu lintas
liikennevalot

gubuk

mökki

apartemen

kerrostalo

stasiun sepur

rautatieasema

bale kutha

kaupungintalo

museum

museo

sekolahan

koulu

kutha - kaupunki

11

universitas

yliopisto

bank

pankki

griya sakit

sairaala

hotel

hotelli

apotek

apteekki

kantor

toimisto

toko buku

kirjakauppa

toko

liike

toko kembang

kukkakauppa

supermarket

supermarketti

pasar

tori

toko sarwa ana

tavaratalo

toko iwak

kalakauppias

mal

ostoskeskus

pelabuhan

satama

taman
puisto

bangku
penkki

tretek
silta

andha
portaat

metro
metro

trowongan
tunneli

halte bis
linja-autopysäkki

bar
baari

restoran
ravintola

kotak surat
postilaatikko

pratandha dalan
katukyltti

meteran parkir
parkkimittari

kebon kewan
eläintarha

kolam renang
uimala

masjid
moskeija

kebon
maatila

polusi
ympäristön saastuminen

kuburan
hautausmaa

greja
kirkko

panggon dolanan
leikkikenttä

candi
temppeli

lanskap
maisema

godong
lehti

plang
tienviitta

dalan
tie

beran
niitty

watu
kivi

wong munggah
retkeilijä

uwit
puu

kali
joki

suket
ruoho

kembang
kukka

lembah

laakso

bukit

vuori

tlogo

järvi

alas

metsä

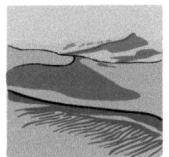

ara-ara

aavikko

gunung geni

tulivuori

keraton

linna

kluwung

sateenkaari

jamur

sieni

uwit palem

palmu

lemut

hyttynen

laler

kärpänen

semut

muurahainen

tawon

mehiläinen

angga-angga

hämähäkki

lanskap - maisema 15

kumbang

kovakuoriainen

kodok

sammakko

bajing

orava

landhak

siili

truwelu

jänis

manuk dares

pöllö

manut

lintu

banyak

joutsen

celeng

villisika

kidang

peura

menjangan

hirvi

bendungan

pato

turbin angin

tuulimylly

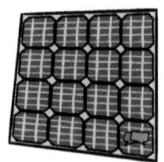

panel srengenge

aurinkopaneeli

iklim

ilmasto

restoran
ravintola

laden
tarjoilija
menu
ruokalista
kursi
tuoli
sop
keitto
pizza
pitsa
alat mangan
ruokailuvälineet
taplak meja
pöytäliina

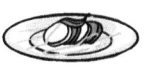

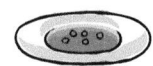

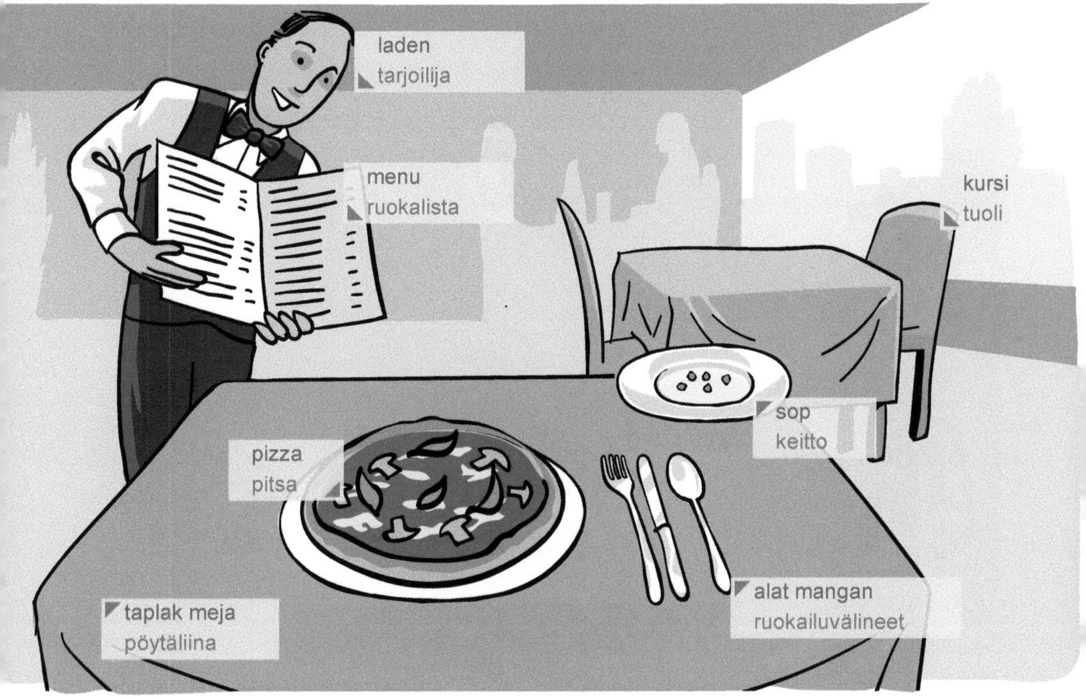

hidangan pambuka

alkuruoka

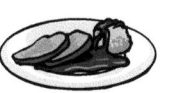

menu utama

pääruoka

hidangan penutup

jälkiruoka

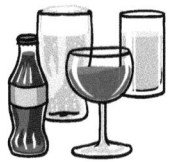

ombenan

juomat

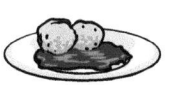

panganan

ruoka

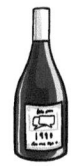

gendul

pullo

panganan instan

pikaruoka

jajan cemilan

katuruoka

ceret teh

teekannu

kaleng gula

sokeriastia

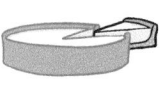

porsi

annos

mesin espresso

espressokeitin

kursi duwur

syöttötuoli

tagihan

lasku

baki

tarjotin

lading

veitsi

sendok garpu

haarukka

sendok

lusikka

sendok teh

teelusikka

serbet

servietti

gelas

lasi

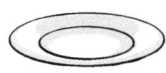

piring
lautanen

piring sop
syvä lautanen

lepek
aluslautanen

duduh
kastike

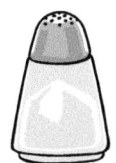

gendul uyah
suolasirotin

bubuk mrico
pippurimylly

cuka
etikka

lenga
öljy

bumbon
mausteet

saos tomat
ketsuppi

mustar
sinappi

mayones
majoneesi

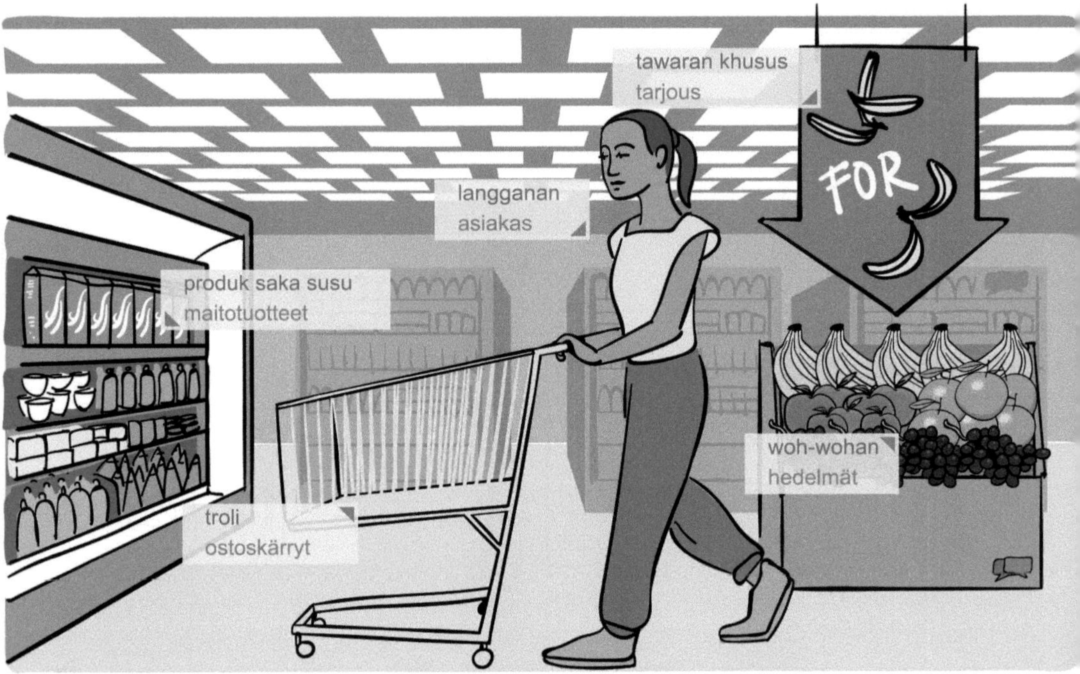

tawaran khusus
tarjous

langganan
asiakas

produk saka susu
maitotuotteet

woh-wohan
hedelmät

troli
ostoskärryt

toko daging	toko roti	nimbang
teurastamo	leipomo	punnita
	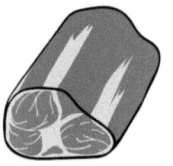	
janganan	daging panggang	panganan beku
kasvikset	liha	pakasteet

irisan daging

leikkele

panganan kaleng

säilykkeet

deterjen

pesujauhe

permen

makeiset

produk reresik omah

kotitaloustarvikkeet

produk reresik

puhdistusaineet

bakul

myyjä

mesin kasir

kassa

kasir

kassanhoitaja

daftar blanja

ostoslista

jam buka

aukioloajat

dompet

lompakko

kertu kredit

luottokortti

tas

kassi

tas kresek

muovipussi

supermarket - supermarketti

banyu

vesi

jus

mehu

susu

maito

ombenan kanthi karbon

kokis

anggur

viini

bir

olut

alkohol

alkoholi

coklat

kaakao

teh

tee

kopi

kahvi

espresso

espresso

cappuccino

cappuccino

gedhang

banaani

apel

omena

jeruk

appelsiini

semangka

meloni

jeruk lemon

sitruuna

wortel

porkkana

bawang

valkosipuli

pring

bambu

bawang

sipuli

jamur

sieni

kacang

pähkinät

bakmi

spagetti

spageti

spagetti

sego

riisi

salad

salaatti

kentang goreng

ranskalaiset

kentang goreng

paistetut perunat

pizza

pitsa

hamburger

hampurilainen

roti isi

voileipä

daging irisan

leike

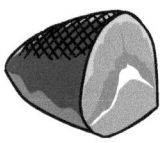

daging ham

kinkku

salami

salami

sosis

makkara

pitik

kana

daging panggang

paisti

iwak

kala

bubur gandum

kaurahiutaleet

muesli

mysli

sereal jagung

murot

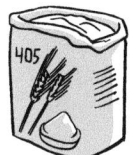

glepung

jauho

croissant

voisarvi

roti

sämpylä

roti

leipä

roti panggang

paahtoleipä

biskuit

keksit

mertega

voi

dadih

rahka

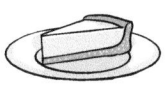

kue

kakku

endog

kananmuna

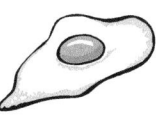

endog goreng

paistettu kananmuna

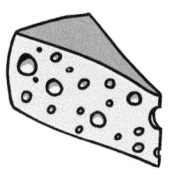

keju

juusto

es krim

jäätelö

gula

sokeri

madu

hunaja

sele

hillo

krim nugat

suklaapähkinälevite

kare

curry

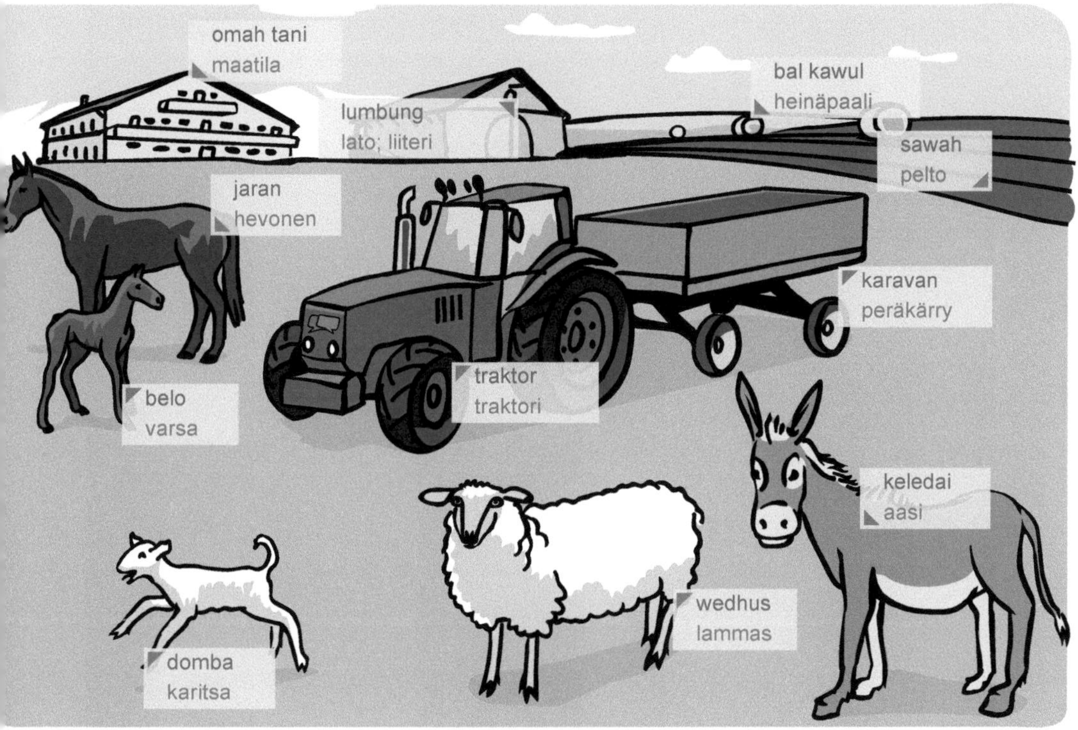

omah tani
maatila

bal kawul
heinäpaali

lumbung
lato; liiteri

sawah
pelto

jaran
hevonen

karavan
peräkärry

belo
varsa

traktor
traktori

keledai
aasi

wedhus
lammas

domba
karitsa

wedhus
....
vuohi

sapi
....
lehmä

pedhet
....
vasikka

babi
....
sika

gambluk
....
porsas

kebo
....
sonni

banyak

hanhi

bebek

ankka

kuthuk

tipu

babon

kana

jago

kukko

tikus

rotta

kucing

kissa

tikus

hiiri

sapi

härkä

asu

koira

kandang asu

koirankoppi

selang

puutarhaletku

gembor

kastelukannu

arit gede

viikate

waluku

aura

arit gede

sirppi

pacul

kuokka

garu

talikko

kapak

kirves

grobak surung

kottikärryt

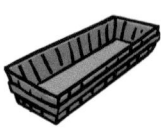

wadah pakan

kaukalo

kaleng susu

maitokannu

karung

säkki

pager

aita

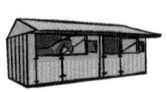

kandang

talli

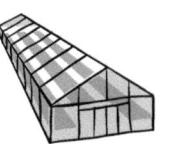

omah kaca

kasvihuone

lemah

maa

wiji

siemen

rabuk

lannoite

traktor panen

leikkuupuimuri

manen

kerätä sato

panen

sato

ubi

jamssit

gandum

vehnä

kedelai

soija

kentang

peruna

jagung

maissi

lobak

rypsi

wit woh-wohan

hedelmäpuu

telo

maniokki

sereal

vilja

omah

talo

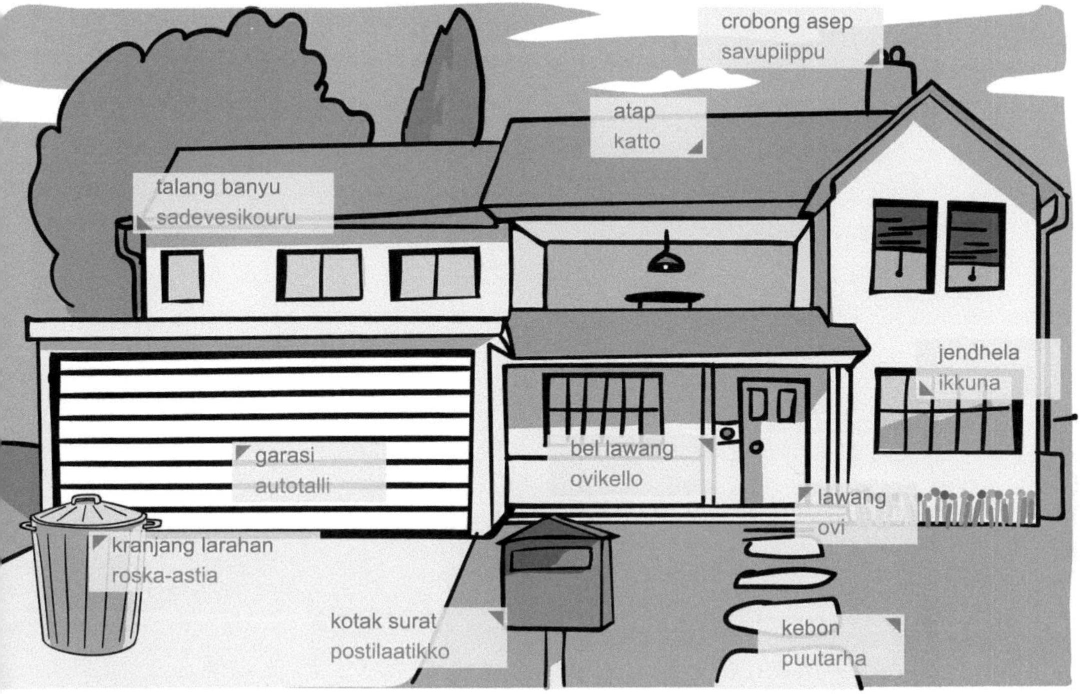
crobong asep
savupiippu
atap
katto
talang banyu
sadevesikouru
jendhela
ikkuna
garasi
autotalli
bel lawang
ovikello
lawang
ovi
kranjang larahan
roska-astia
kotak surat
postilaatikko
kebon
puutarha

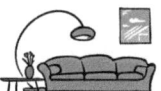

ruang tamu

olohuone

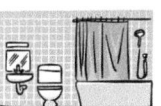

jedhing

kylpyhuone

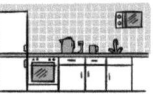

pawon

keittiö

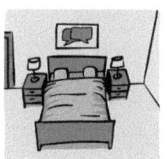

kamar turu

makuuhuone

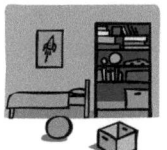

kamar anak

lastenhuone

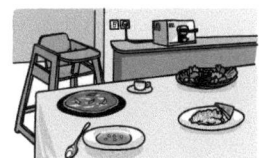

kamar panedhaan

ruokahuone

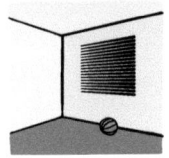

jobin

lattia

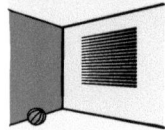

tembok

seinä

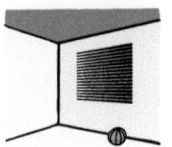

pyan

katto

gudhang ing njero lemah

kellari

sauna

sauna

balkon

parveke

teras

terassi

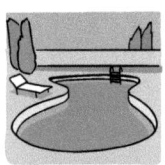

blumbang kanggo nglangi

uima-allas

mesin kanggo motong suket

ruohonleikkuri

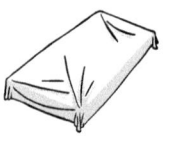

lembaran

lakana

sprei

päiväpeitto

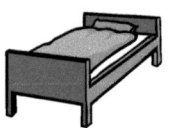

dipan

sänky

sapu

harja

ember

ämpäri

tombol

katkaisin

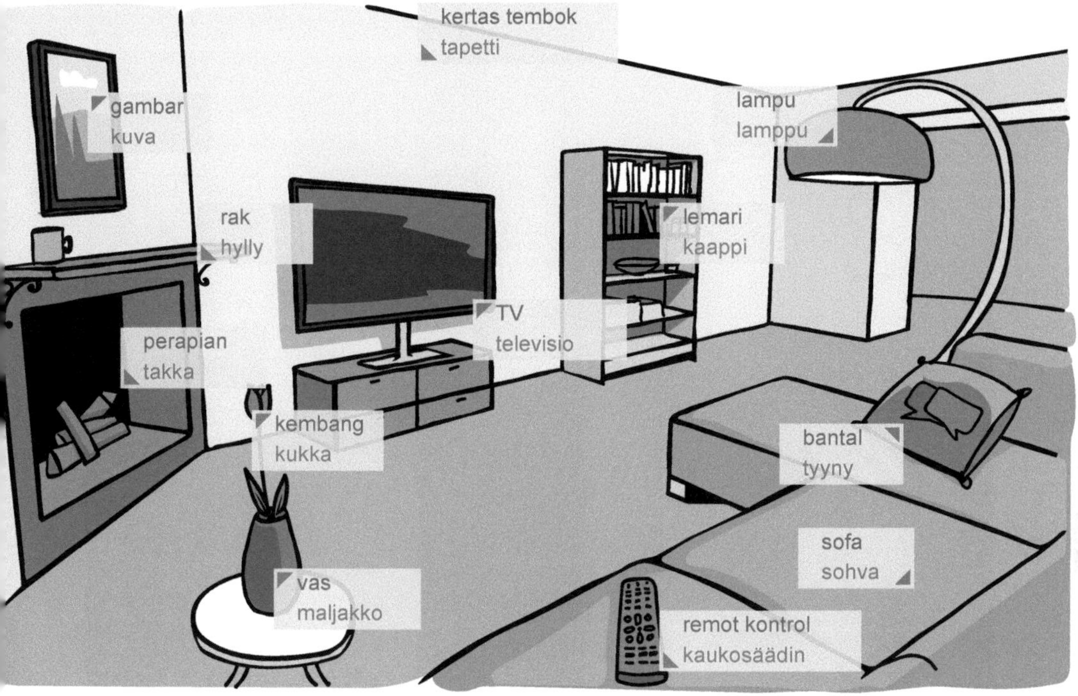

kertas tembok
tapetti

gambar
kuva

lampu
lamppu

rak
hylly

lemari
kaappi

perapian
takka

TV
televisio

kembang
kukka

bantal
tyyny

sofa
sohva

vas
maljakko

remot kontrol
kaukosäädin

karpet
matto

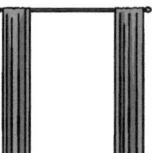

korden
verho

meja
pöytä

kursi
tuoli

kursi goyang
keinutuoli

kursi tangan
nojatuoli

buku

kirja

selimut

peitto

dekorasi

koriste

kayu bakar

polttopuut

film

elokuva

hi-fi

stereot

kunci

avain

koran

sanomalehti

lukisan

maalaus

poster

juliste

radio

radio

buku catetan

muistivihko

penyedot lebut

pölynimuri

kaktus

kaktus

lilin

kynttilä

pawon
keittiö

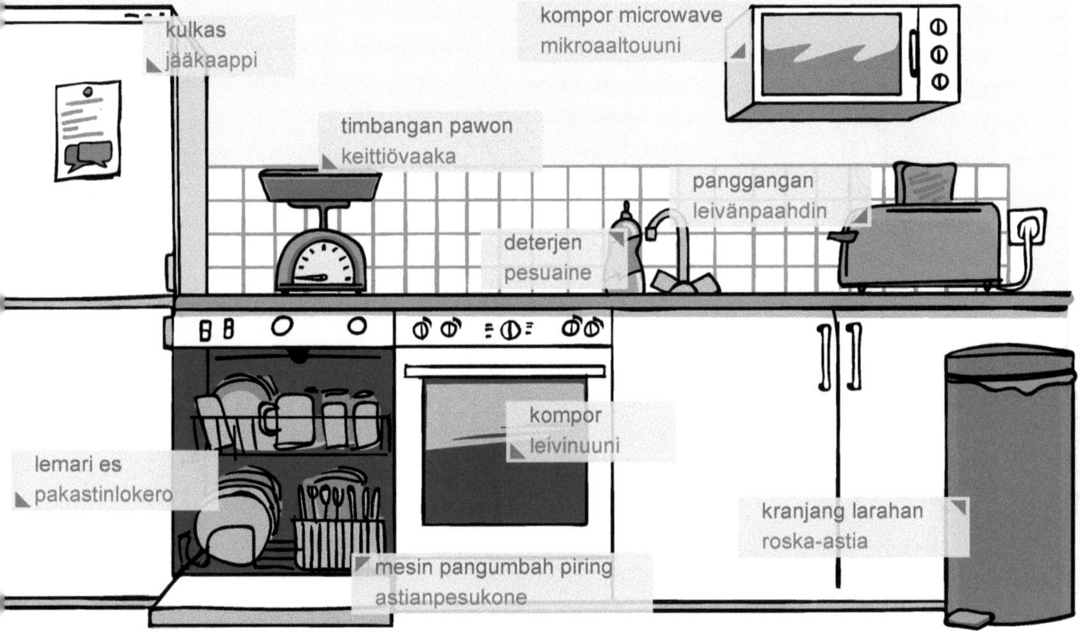
kulkas
jääkaappi
kompor microwave
mikroaaltouuni
timbangan pawon
keittiövaaka
panggangan
leivänpaahdin
deterjen
pesuaine
kompor
leivinuuni
lemari es
pakastinlokero
kranjang larahan
roska-astia
mesin pangumbah piring
astianpesukone

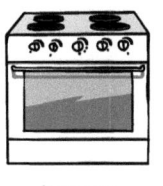

kompor
liesi

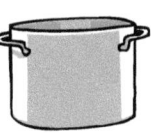

panci
kattila

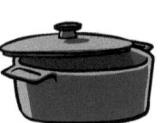

panci wesi
rautapata

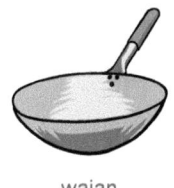

wajan
vokkipannu / kadai-pannu

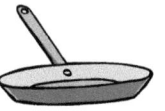

wajan
paistinpannu

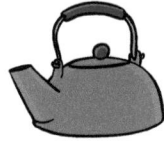

ceret
teepannu

kukusan

höyrykeitin

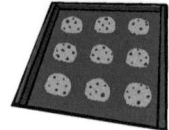

loyang

uunipelti

pecah belah

astiat

mug

muki

mangkok

kulho

sumpit

syömäpuikot

irus

kauha

solet

paistinlasta

udeg

vispilä

ayakan

siivilä

saringan

siivilä

parutan

raastin

lumpang

mortteli

panggangan

grilli

geni

avotuli

telenan

leikkuulauta

gilingan adonan

kaulin

kotrek

korkinavaaja

kaleng

purkki

bukaan kaleng

purkinavaaja

cempal

pannulappu

wastafel

lavuaari

sikat

tiskiharja

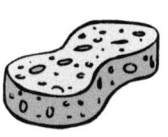

sepon

pesusieni

blender

tehosekoitin

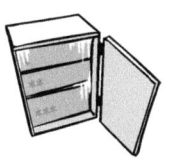

kulkas

pakastin

gendul bayi

tuttipullo

kran

vesihana

jedhing
kylpyhuone

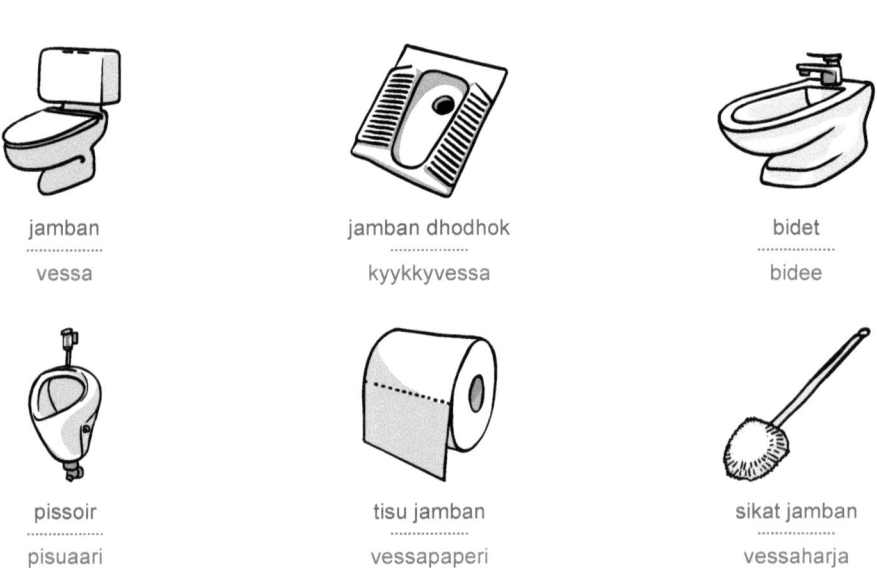

alat manasi
lämmitys
andhuk
pyyhe
pancuran
suihku
klambu jedhing
suihkuverho
adhus unthuk
vaahtokylpy
bak adhus
kylpyamme
gelas
lasi
mesin ngumbah
pesukone
kran
vesihana
tekel
kaakelit
pispot
potta
wastafel
lavuaari

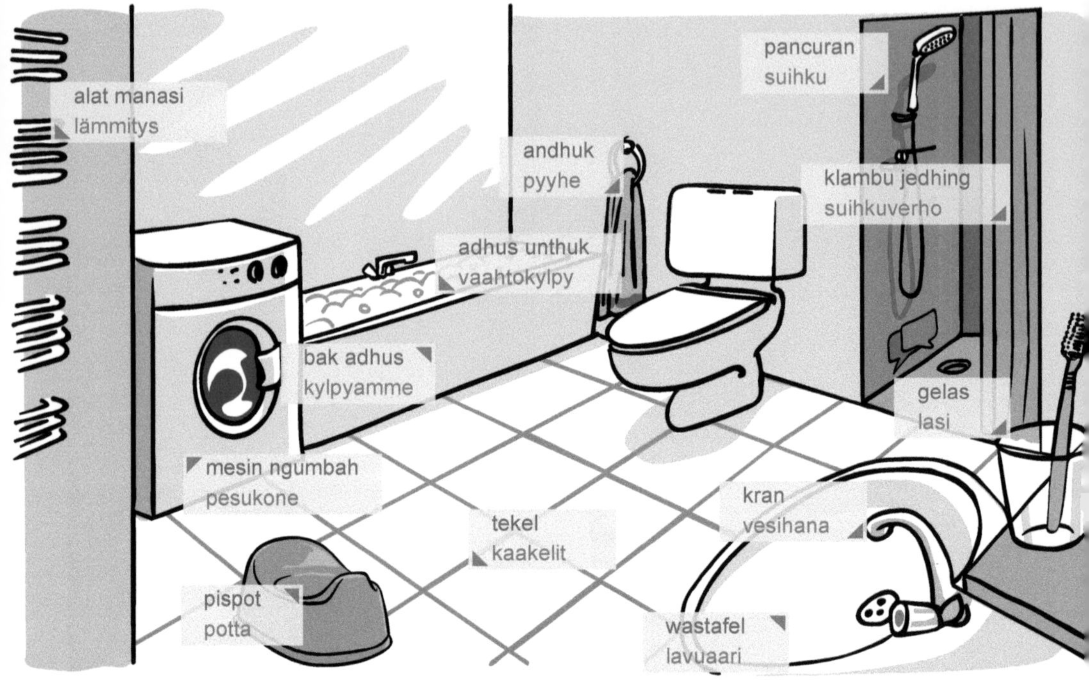

jamban
vessa

jamban dhodhok
kyykkyvessa

bidet
bidee

pissoir
pisuaari

tisu jamban
vessapaperi

sikat jamban
vessaharja

sikat untu

hammasharja

odol

hammastahna

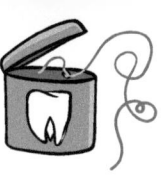

bolah untu

hammaslanka

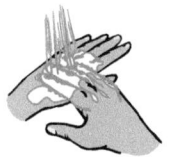

ngumbahi

pestä

gagang shower

käsisuihku

pancuran

intiimisuihku

baskom

pesuvati

sikat geger

selkäharja

sabun

saippua

gel pancuran

suihkugeeli

sampo

shampoo

hem

pesulappu

nguras

viemäri

krim

voide

deodoran

deodorantti

pangilon

peili

koco tangan

käsipeili

silet

partaveitsi

umpluk cukur

partavaahto

aftershave

partavesi

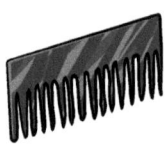

jungkat

kampa

sikat untu

harja

hairdryer

hiustenkuivaaja

hairspray

hiuslakka

dandanan

meikki

gincu

huulipuna

kuteks

kynsilakka

kapas

pumpuli

gunting kuku

kynsisakset

parfum

hajuvesi

kantong adhus

kosmetiikkalaukku

dingklik

jakkara

timbangan

vaaka

ubah kanggo sawise adhus

kylpytakki

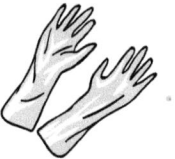

sarung karet

kumihansikkaat

tampon

tamponi

pembalut

terveysside

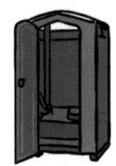

jamban nganggo bahan kimia

kemiallinen wc

kamar anak
lastenhuone

alarm jam
herätyskello
dolanan empuk
pehmolelu
mobil-mobilan
leikkiauto
kumretek
helistin
omah boneka
nukkekoti
hadiah
lahja

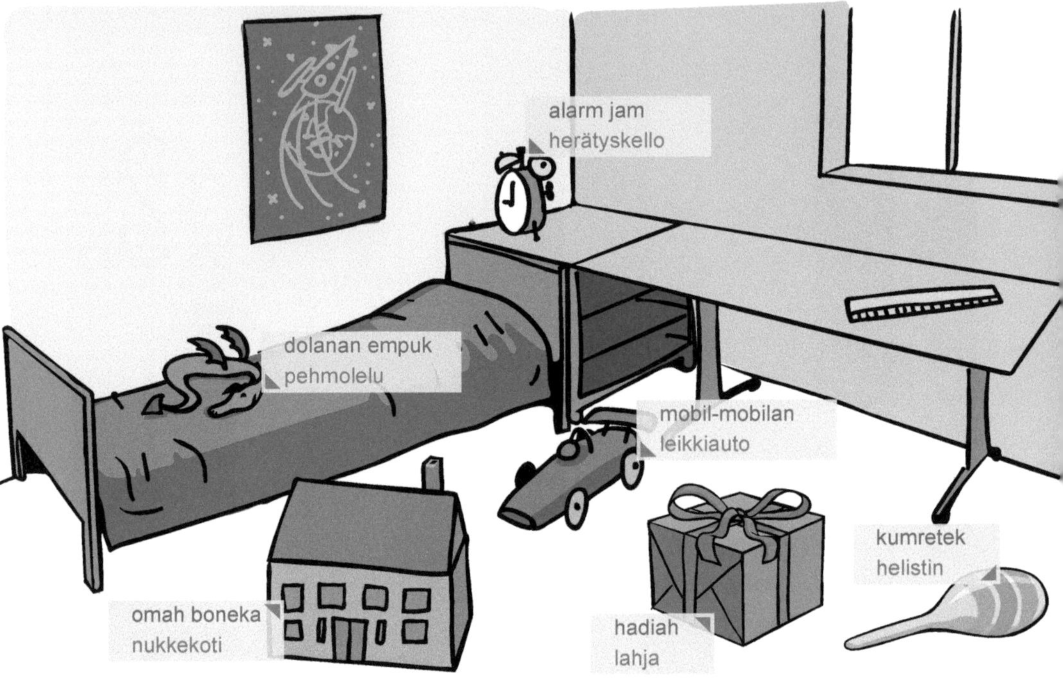

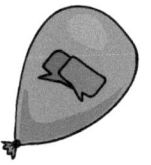

balon

ilmapallo

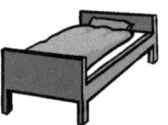

dipan

sänky

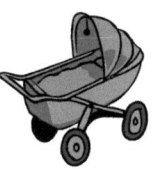

kreto bayi

lastenvaunut

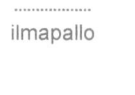

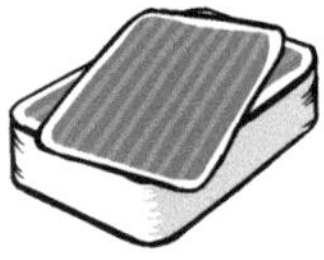

meja kertu

korttipeli

teka-teki

palapeli

SUPER
MEGA

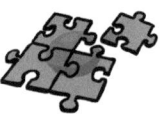

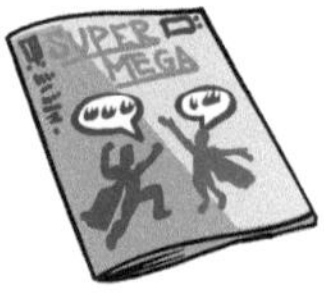

komik

sarjakuva

bata lego
legopalikat

balok dolanan
rakennuspalikat

boneka aksi
supersankari

klambi bayi
potkupuku

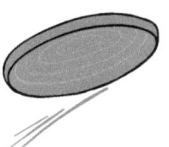

frisbee
frisbee

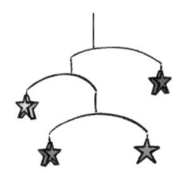

dolanan gantungan
mobile

dolanan meja
lautapeli

dadu
noppa

sepur dolanan
pienoisjunarata

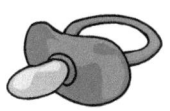

dot
tutti

pesta
juhlat

buku gambar
kuvakirja

bal
pallo

boneka
nukke

dolanan
leikkiä

panggon dolanan pasir

hiekkalaatikko

ayunan

keinu

dolanan

lelut

konsol video game

pelikonsoli

sepeda roda telu

kolmipyörä

beruang teddy

nalle

lemari sandhangan

vaatekaappi

klambi

vaatteet

kaos kaki

sukat

stoking

nylonsukat

kathok singset

sukkahousut

slendang
kaulaliina

payung
sateenvarjo

kaos oblong
t-paita

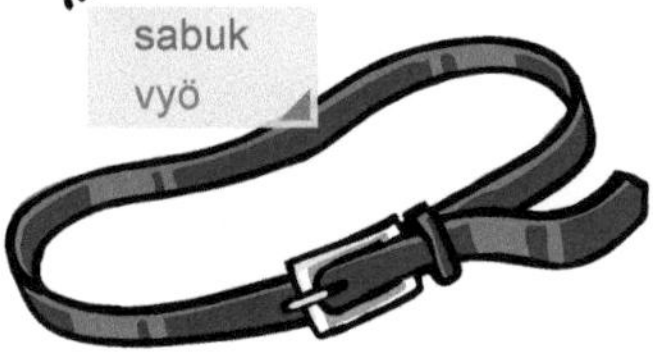

sabuk
vyö

sepatu bot
saappaat

slop
sisätossut

sepatu kets
lenkkarit

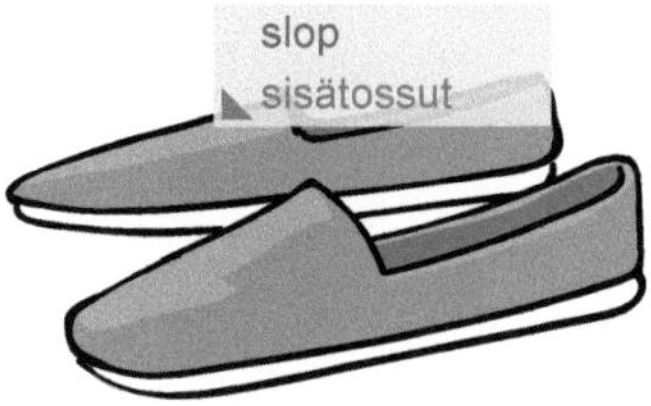

sandal
sandaalit

sepatu
kengät

sepatu bot karet
kumisaappaat

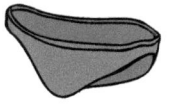

sempak
alushousut

kutang
rintaliivit

rompi
aluspaita

awak

body

kathok

housut

kathok jins

farkut

rok

hame

blus

pusero

klambi

paita

jaket nganggo kudung

villapaita

sweter

collegepaita

blezer

jakku

jaket

takki

mantel

takki

jas udan

sadetakki

kostum

puku

gaun

mekko

gaun manten

hääpuku

setelan

puku

klambi kanggo turu

yöpaita

piyama

pyjama

kain sari

shari

kudung

päähuivi

serban

turbaani

cadar

burka

kaftan

kaftaani

abaya

abaya

klambi kanggo nglangi

uimapuku

kathok renang

uimahousut

kathok cekak

shortsit

klambi trening

verkkarit

celemek

esiliina

sarung tangan

käsineet

benik

nappi

kacamata

silmälasit

gelang

rannekoru

kalung

kaulakoru

ali-ali

sormus

anting-anting

korvakoru

peci

lippalakki

gantungan mantel

ripustin

topi

hattu

dasi

solmio

slerekan

vetoketju

helem

kypärä

bretel

henkselit

sragam sekolah

koulupuku

sragam

univormu

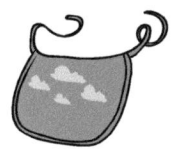

oto

ruokalappu

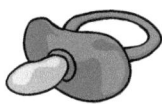

dot

tutti

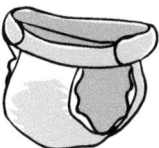

popok

vaippa

kantor
toimisto

server
palvelin
lemari arsip
asiakirjakaappi
dluwang
paperi
printer
tulostin
monitor
näyttö
mouse
hiiri
meja
kirjoituspöytä
folder
kansio
papan tombol
näppäimistö
kranjang larahan
roskakori
kursi
tuoli
komputer
tietokone

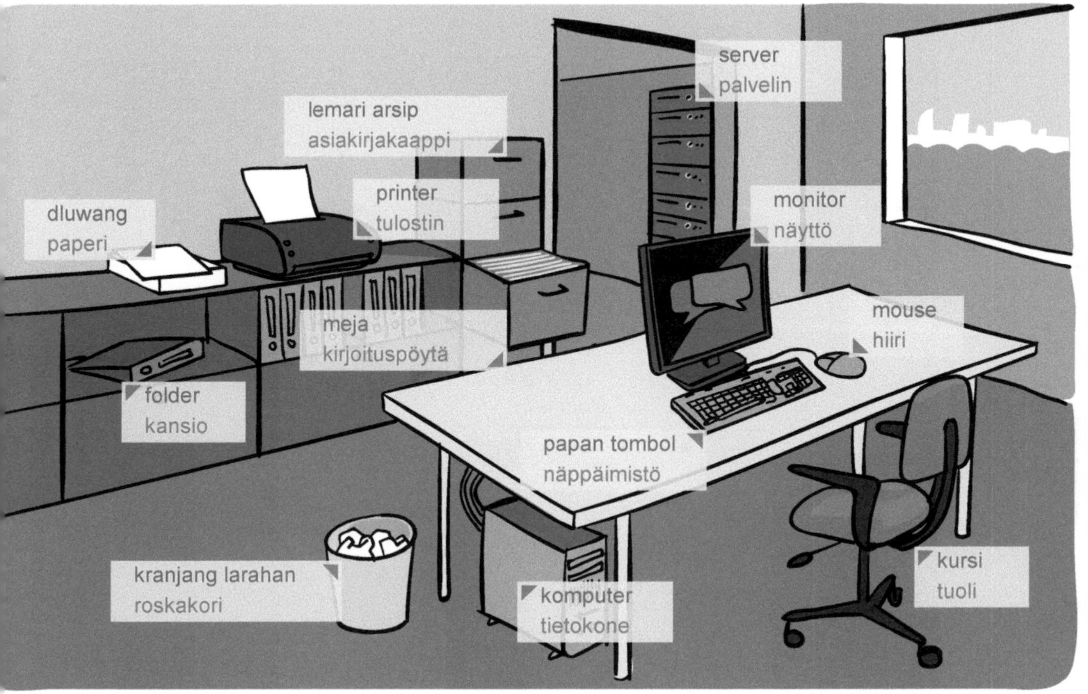

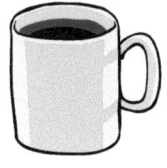

cangkir kopi

kahvimuki

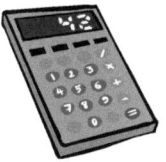

kalkulator

taskulaskin

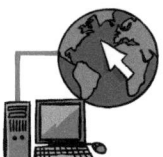

internet

internet

laptop

kannettava tietokone

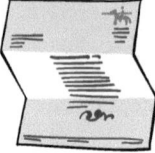

surat

kirje

pesen

viesti

HP

kännykkä

jaringan

verkko

mesin fotokopi

kopiokone

software

ohjelmisto

telpon

puhelin

colokan

pistorasia

mesin faksimili

faksi

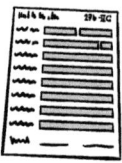

blangko

lomake

dokumen

asiakirja

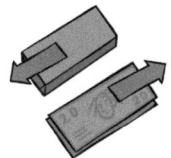

tuku
ostaa

mbayar
maksaa

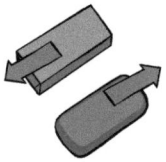

bebakulan
vaihtaa

duit
raha

dolar
dollari

euro
euro

yen
jeni

rubel
rupla

franc Swiss
frangi

yuan renminbi
renminbi juan

rupe
rupia

cash point
pankkiautomaatti

kantor pertukaran duit mancanegara

rahanvaihto

emas

kulta

perak

hopea

minyak

öljy

energi

energia

rego

hinta

kontrak

sopimus

pajek

vero

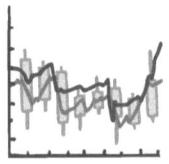

saham

osake

kerjo

työskennellä

pegawe

työntekijä

juragan

työnantaja

pabrik

tehdas

toko

liike

gawean
ammatit

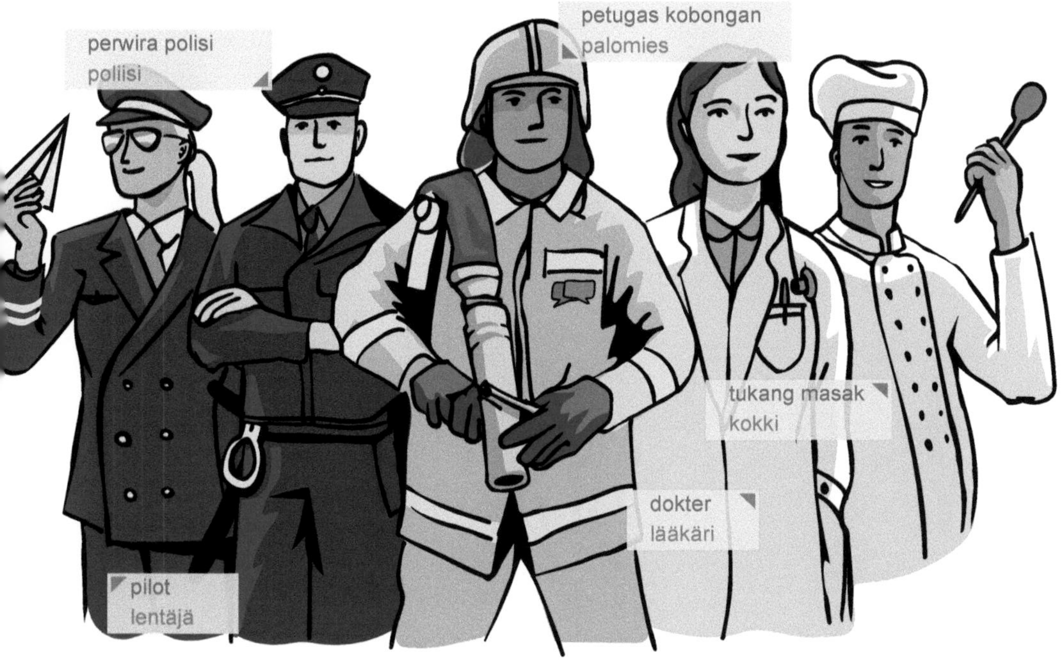
petugas kobongan
palomies
perwira polisi
poliisi
tukang masak
kokki
dokter
lääkäri
pilot
lentäjä

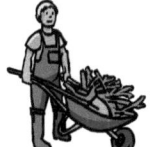

tukang kebon

puutarhuri

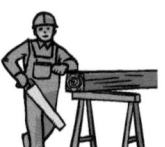

tukang kayu

puuseppä

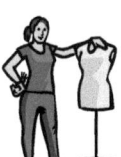

tukang jahit

ompelija

hakim

tuomari

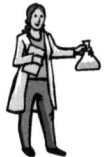

ahli kimia

kemisti

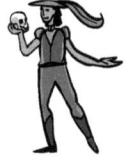

aktor

näyttelijä

sopir bis

linja-autonkuljettaja

sopir taksi

taksinkuljettaja

nelayan

kalastaja

tukang reresik

siivooja

tukang pasang gendheng

katontekijä

laden

tarjoilija

pamburu

metsästäjä

pelukis

maalari

tukang roti

leipuri

tukang listrik

sähköasentaja

tukang mbangun

rakentaja

insinyur

insinööri

jagal

teurastaja

tukang ledeng

putkiasentaja

tukang pos

postinjakaja

gawean - ammatit

tentara
sotilas

arsitek
arkkitehti

kasir
kassanhoitaja

bakul kembang
floristi

juru rambut
kampaaja

kondektur
konduktööri

mekanik
mekaanikko

kapten
kapteeni

dokter untu
hammaslääkäri

ilmuwan
tiedemies

rabbi
rabbi

imam
imaami

biksu
munkki

pandhita
pappi

alat
työkalut

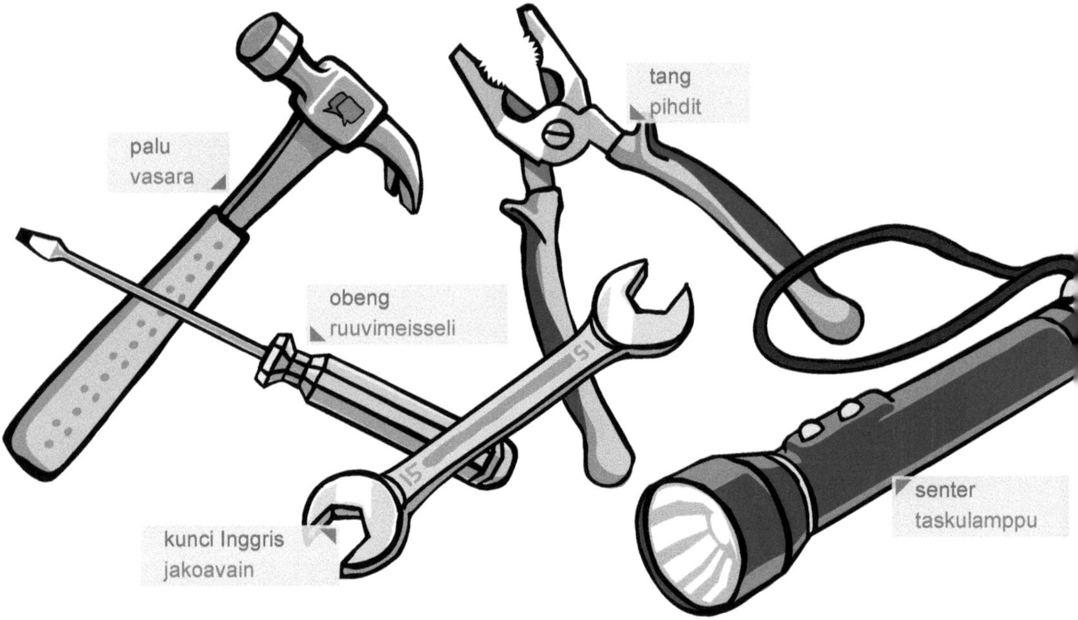
palu
vasara
tang
pihdit
obeng
ruuvimeisseli
kunci Inggris
jakoavain
senter
taskulamppu

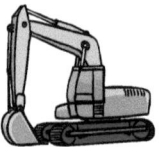

mesin kerukan

kaivinkone

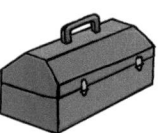

wadah perkakas

työkalupakki

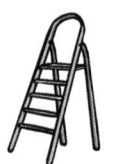

andha

tikkaat

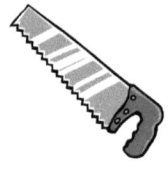

graji

saha

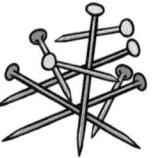

paku

naulat

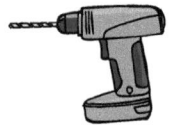

bur

pora

ndandani

korjata

sekop

lapio

Bajigur!

Hitto!

serok

rikkalapio

kaleng cat

maalipurkki

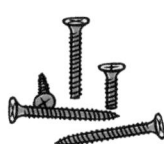

sekrup

ruuvit

alat musik

soittimet

sak set tambur
rummut

speker
kaiuttimet

bass dobel
kontrabasso

trompet
trumpetti

gitar
kitara

piano

piano

biola

viulu

bass

basso

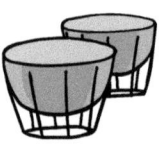

timpani

patarummut

tambur

rumpu

keyboard

kosketinsoitin

saksofon

saksofoni

suling

huilu

mikropon

mikrofoni

kebon kewan
eläintarha

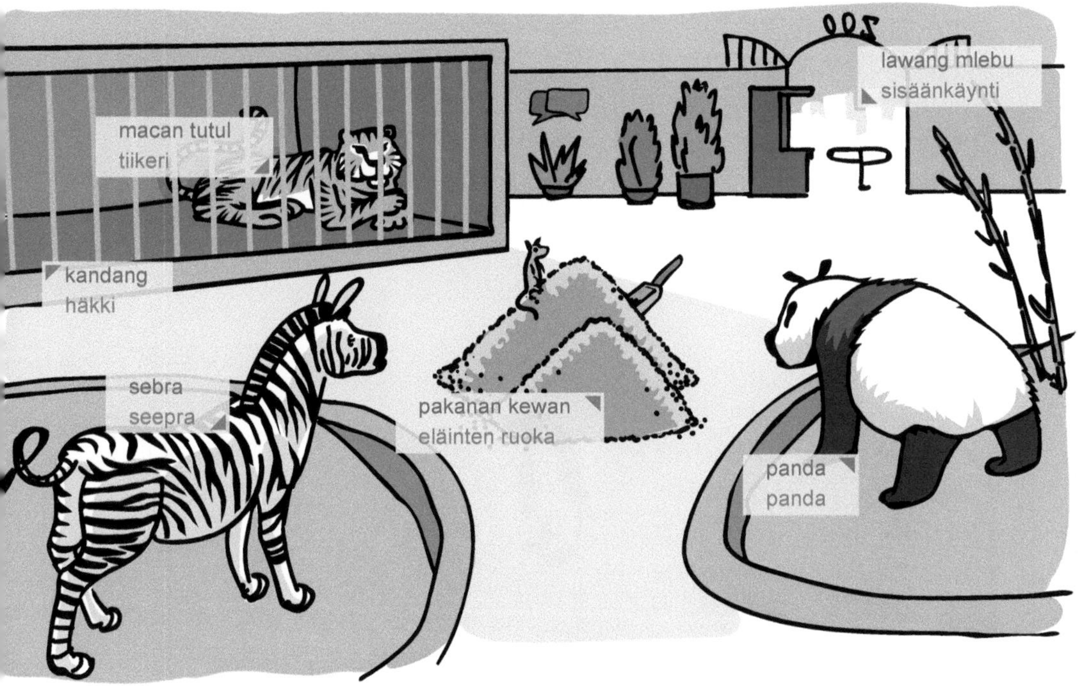

lawang mlebu
sisäänkäynti
macan tutul
tiikeri
kandang
häkki
sebra
seepra
pakanan kewan
eläinten ruoka
panda
panda

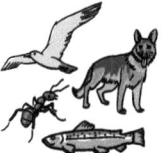

kewan

eläimet

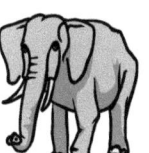

gajah

norsu

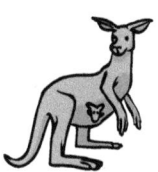

kanguru

kenguru

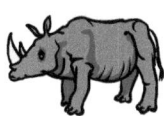

badak

sarvikuono

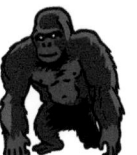

gorila

gorilla

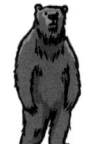

beruang

karhu

unta

kameli

manuk unta

strutsi

singa

leijona

kethek

apina

flamingo

flamingo

bethet

papukaija

beruang kutub

jääkarhu

pinguin

pingviini

hiu

hai

merak

riikinkukko

ula

käärme

baya

krokotiili

juru kunci kebon kewan

eläintarhanhoitaja

singa segara

hylje

jaguar

jaguaari

jaran poni

poni

macan tutul

leopardi

kuda nil

virtahepo

jrapah

kirahvi

garudha

kotka

celeng

villisika

iwak

kala

bulus

kilpikonna

walrus

mursu

rubah

kettu

kidang

gaselli

bal-balan Amerika
amerikkalainen jalkapallo

sepedahan
pyöräily

tenis
tennis

basket
koripallo

nglangi
uinti

tinju
nyrkkeily

hoki es
jääkiekko

bal-balan

jalkapallo

badminton

sulkapallo

atletik

yleisurheilu

bal tangan

käsipallo

ski

hiihto

polo

poolo

ngguyu
nauraa

mencolot
hypätä

ngrangkul
halata

mlaku
kävellä

nembang
laulaa

ngimpi
unelmoida

ndonga
rukoilla

ngambung
suudella

nulis
kirjoittaa

nggambar
piirtää

nuduhake
näyttää

mencet
painaa

menehi
antaa

njupuk
ottaa

duweni

omistaa

nindakake

tehdä

yaiku

olla

ngadek

seisoa

mlayu

juosta

narik

vetää

nguncalake

heittää

tiba

kaatua

ngapusi

maata

ngenteni

odottaa

nggawa

kantaa

lungguh

istua

klamben

pukeutua

turu

nukkua

tangi

herätä

ndheleng

katsoa

nangis

itkeä

ngelus

silittää

njungkati

kammata

ngomong

puhua

mangerteni

ymmärtää

takon

kysyä

ngrungoake

kuunnella

ngombe

juoda

mangan

syödä

ngrapiake

siivota

nrisnani

rakastaa

masak

keittää

nyopir

ajaa

mabur

lentää

nglayar

purjehtia

itung

laskea

maca

lukea

sinau

oppia

kerjo

työskennellä

ngrabi

mennä naimisiin

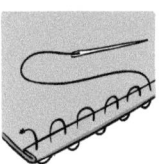

njahit

ommella

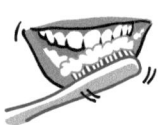

nyikat untu

pestä hampaat

mateni

tappaa

ngrokok

tupakoida

ngirim

lähettää

keluarga
perhe

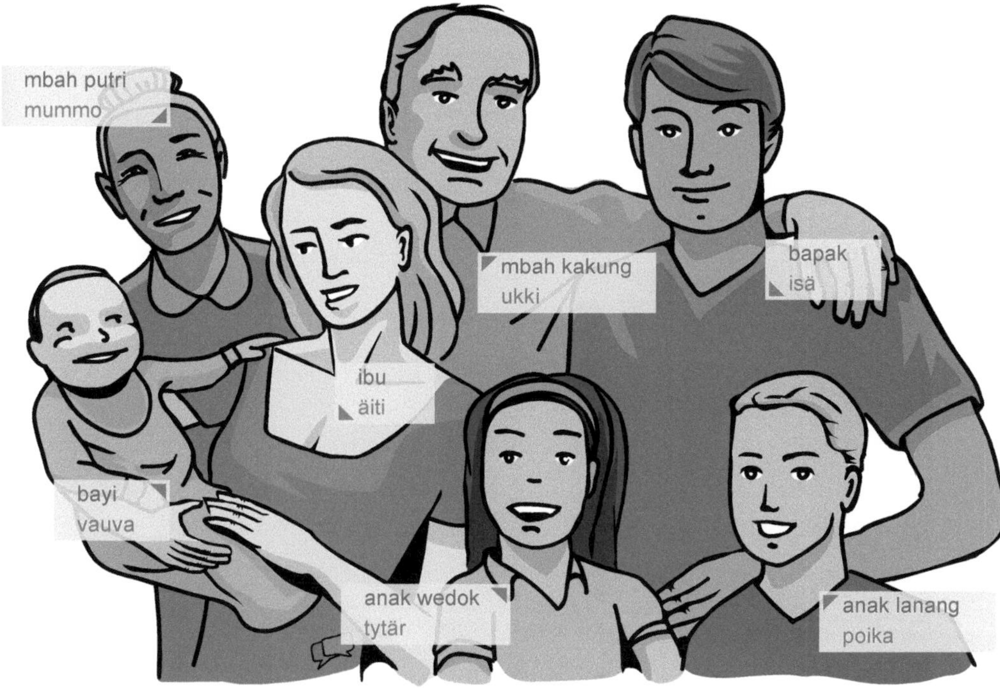
mbah putri
mummo
mbah kakung
ukki
bapak
isä
ibu
äiti
bayi
vauva
anak wedok
tytär
anak lanang
poika

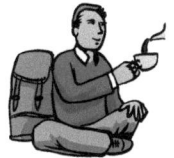

tamu
vieras

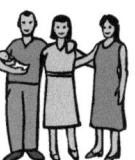

bu lik
täti

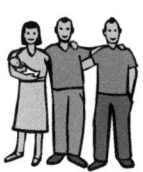

pak lik
setä

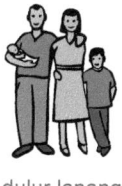

dulur lanang
veli

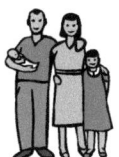

dulur wadon
sisko

awak
vartalo

bathuk
otsa
mripat
silmä
pundhak
olkapää
driji
sormet
pasuryan
kasvot
janggut
leuka
tangan
käsi
sikil
jalka
payudara
rinta
lengen
käsivarsi

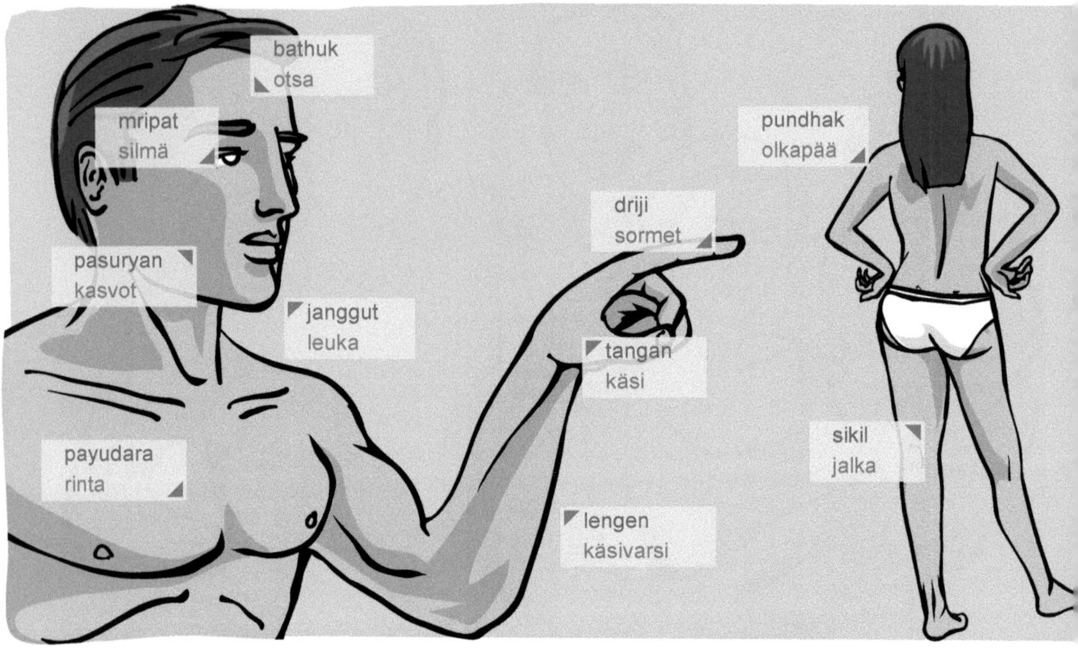

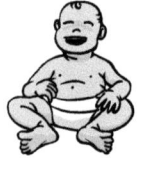

bayi

vauva

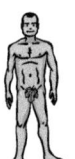

lanang

mies

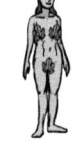

wadon

nainen

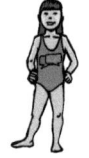

bocah wadon

tyttö

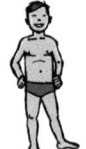

bocah lanang

poika

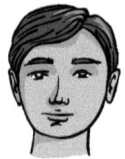

sirah

pää

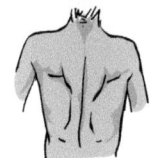

geger

selkä

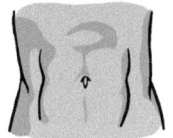

weteng

maha

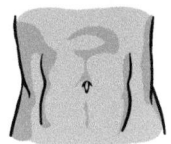

puser

napa

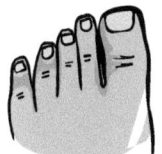

driji sikil

varvas

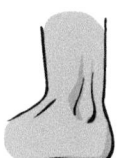

tungkak

kantapää

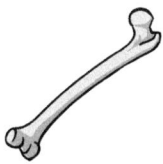

balung

luu

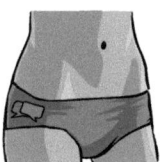

panggul

lantio

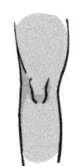

dengkul

polvi

sikut

kyynärpää

irung

nenä

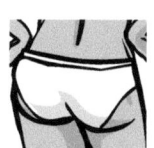

bokong

takapuoli

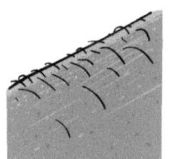

kulit

iho

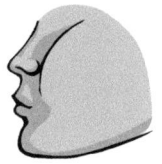

pipi

poski

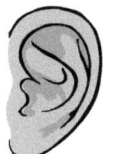

kuping

korva

lambe

huuli

awak - vartalo

lisan
suu

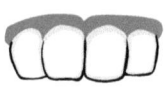

untu
hammas

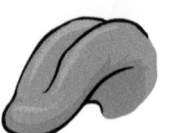

ilat
kieli

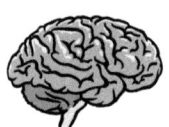

uteg
aivot

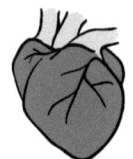

jantung
sydän

otot
lihas

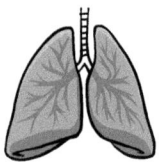

paru
keuhkot

ati
maksa

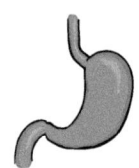

garba
vatsa

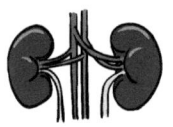

ginjel
munuaiset

sanggama
seksi

kondom
kondomi

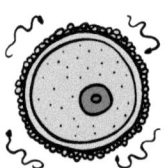

ovum
munasolu

mani
sperma

mbobot
raskaus

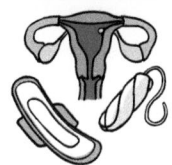

haid

kuukautiset

vagina

vagina

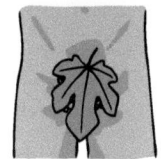

zakar

penis

alis

kulmakarvat

rambut

hiukset

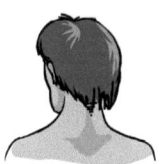

gulu

niska

griya sakit
sairaala

ambulans
ambulanssi

kursi roda
pyörätuoli

bentet
murtuma

dokter
lääkäri

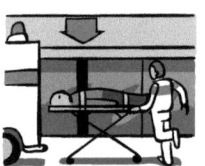

kamar gawat darurat
ensiapu

perawat
sairaanhoitaja

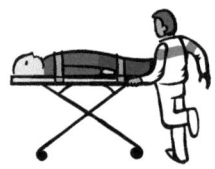

dharurat
hätätilanne

ora sadar
tajuton

linu
kipu

tatu

vamma

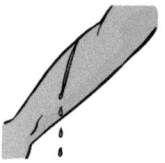

getihen

verenvuoto

serangan jantung

sydänkohtaus

setruk

aivoinfarkti

alergi

allergia

watuk

yskä

ngelu

kuume

pilek

flunssa

diare

ripuli

mumet

päänsärky

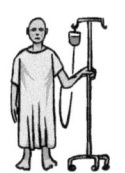

kanker

syöpä

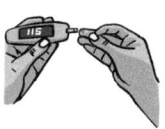

diabetes

diabetes

ahli bedah

kirurgi

lading bedah

veitsi

operasi

leikkaus

CT

ct

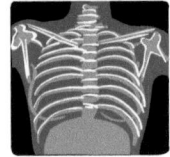

sinar x

röntgen

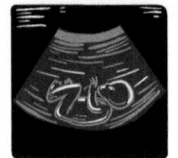

USG

ultraääni

masker

maski

penyakit

sairaus

kamar nunggu

odotushuone

pitulung

sauva

perban

laastari

perban

side

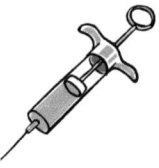

suntik

pistos

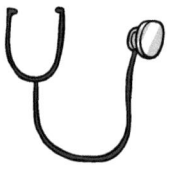

stetoskop

stetoskooppi

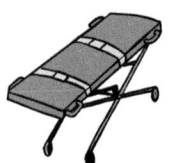

tandu

paarit

termometer klinik

kuumemittari

lair

syntymä

kalemon

ylipaino

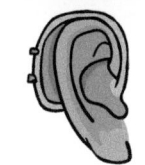

alat bantu dengar

kuulolaite

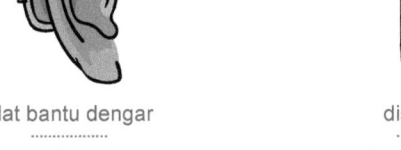

disinfektan

desinfiointiaine

infeksi

infektio

virus

virus

HIV/AIDS

HIV / AIDS

obat

lääke

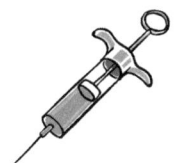

vaksinasi

rokotus

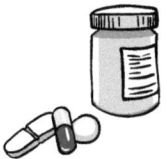

tablet

tabletit

pil

pilleri

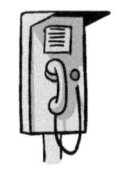

nomer telpon darurat

hätäpuhelu

ngukur tensi getih

verenpainemittari

lara / waras

sairas / terve

Tulung!

Apua!

sergap

ryöstö

alarem

hälytys

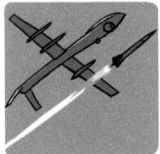

serangan

hyökkäys

bebaya

vaara

lawang metu dharurat

hätäuloskäynti

Kobongan!

Tulipalo!

alat mateni geni

palosammutin

kacilakan

onnettomuus

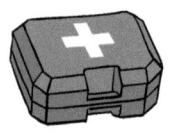

pitulungan wiwitan

ensiapulaukku

SOS

SOS

polisi

poliisilaitos

Eropa

Eurooppa

Amerika Lor

Pohjois-Amerikka

Amerika Kidul

Etelä-Amerikka

Afrika

Afrikka

Asia

Aasia

Australia

Australia

Atlantik

Atlantin valtameri

Pasifik

Tyynimeri

Samudra Hindia

Intian valtameri

Samudra Antartika

Eteläinen jäämeri

Samudra Arktik

Pohjoinen jäämeri

Kutub Lor

pohjoisnapa

Kutup Kidul

etelänapa

Antarktika

Antarktis

bumi

maa

daratan

maa

segara

meri

pulau

saari

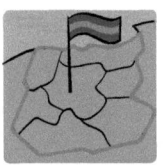

bangsa

kansa

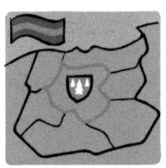

negara

osavaltio

layar jam

kellotaulu

dom jam

tuntiviisari

dom menit

minuuttiviisari

dom detik

sekuntiviisari

Jam piro saiki?

Paljonko kello on?

dina

päivä

wektu

aika

saiki

nyt

jam digital

digitaalikello

menit

minuutti

jam

tunti

minggu
viikko

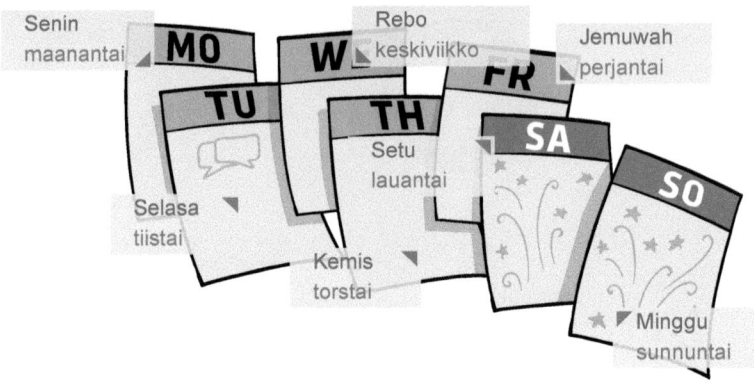

Senin
maanantai

MO

W Rebo
keskiviikko

Jemuwah
perjantai

TU

TH
Setu
lauantai

SA

FR

SO

Selasa
tiistai

Kemis
torstai

Minggu
sunnuntai

wingi

eilen

saiki

tänään

sesuk

huomenna

esuk

aamu

awan

keskipäivä

bengi

ilta

MO	TU	WE	TH	FR	SA	SU
1	2	3	4	5	6	7
8	9	10	11	12	13	14
15	16	17	18	19	20	21
22	23	24	25	26	27	28
29	30	31	1	2	3	4

dina kerja

työpäivät

MO	TU	WE	TH	FR	SA	SU
1	2	3	4	5	6	7
8	9	10	11	12	13	14
15	16	17	18	19	20	21
22	23	24	25	26	27	28
29	30	31	1	2	3	4

akhir minggu

viikonloppu

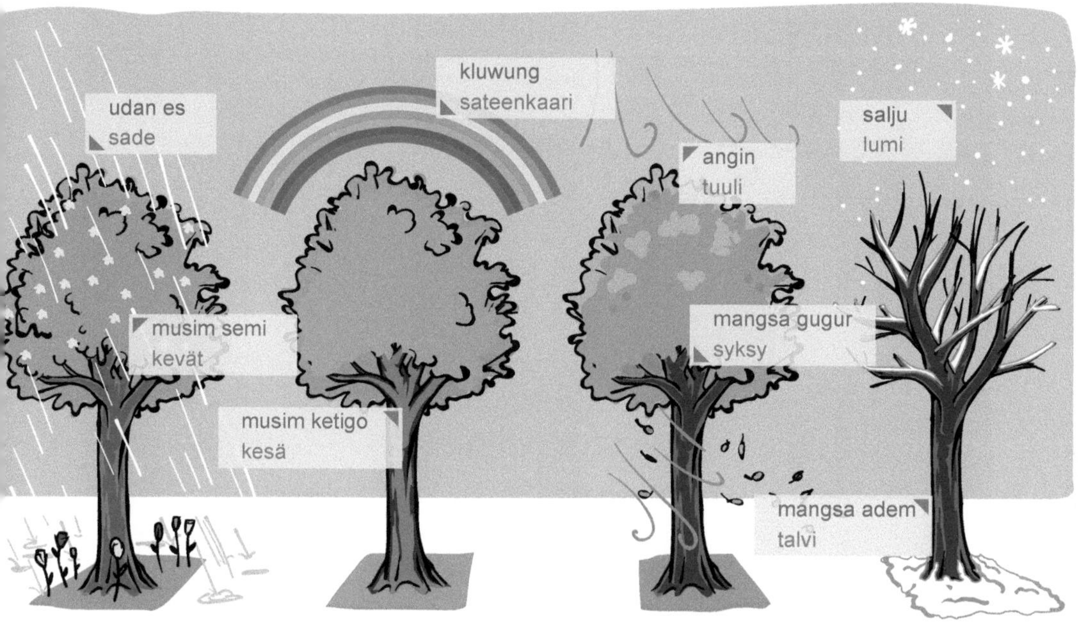

udan es
sade

kluwung
sateenkaari

angin
tuuli

salju
lumi

musim semi
kevät

mangsa gugur
syksy

musim ketigo
kesä

mangsa adem
talvi

4.APRIL	11°	☀
5.APRIL	4°	☁
6.APRIL	13°	☁
7.APRIL	8°	☀
8.APRIL	10°	☀

ramalan cuaca
sääennuste

termometer
lämpömittari

srengenge
auringonpaiste

mendhung
pilvi

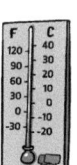

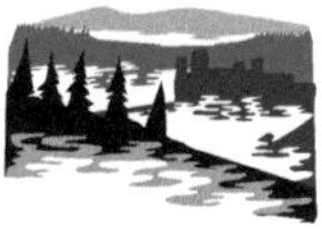

kabut
sumu

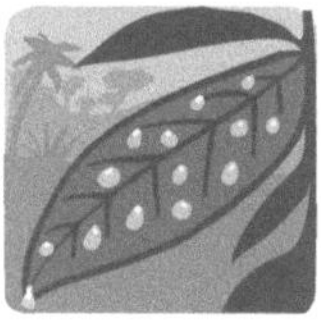

kelembapan
ilmankosteus

kilat

salama

bledheg

ukkonen

badai

myrsky

udan es

rae

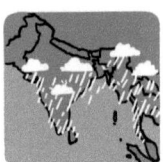

muson

monsuuni

banjir

tulva

es

jää

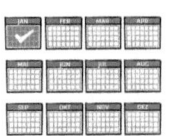

Januari

tammikuu

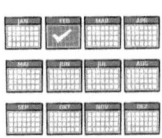

Februari

helmikuu

Maret

maaliskuu

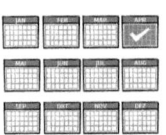

April

huhtikuu

Mei

toukokuu

Juni

kesäkuu

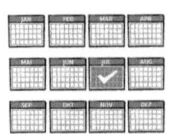

Juli

heinäkuu

Agustus

elokuu

tahun - vuosi

September
syyskuu

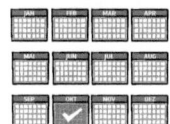

Oktober
lokakuu

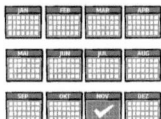

Nopember
marraskuu

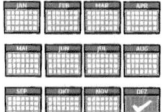

Desember
joulukuu

bunder
ympyrä

kuadrat
neliö

segi papat
suorakulmio

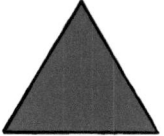

segi telu
kolmio

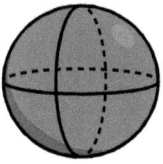

bal
pallo

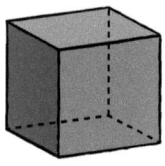

kubus
kuutio

putih

valkoinen

kuning

keltainen

oranye

oranssi

jambon

vaaleanpunainen

abang

punainen

ungu

violetti

biru

sininen

ijo

vihreä

coklat

ruskea

abu-abu

harmaa

ireng

musta

akeh / sithik

paljon / vähän

nesu / kalem

vihainen / ystävällinen

ayu / elek

kaunis / ruma

pawitan / pungkasan

alku / loppu

gede / cilik

suuri / pieni

padhang / peteng

vaalea / tumma

sedulur lanang / sedulur wadon

veli / sisko

resik / reged

puhdas / likainen

pepak / ora pepak

täydellinen / epätäydellinen

awan / bengi

päivä / yö

mati / urip

kuollut / elävä

jembar / sempit

leveä / kapea

iso dipangan / ora iso dipangan

syötävä / syömäkelvoton

ala / becik

paha / kiltti

seneng / bosen

innostunut / tylsistynyt

lemu / kuru

lihava / laiha

pisanan / pungkasan

ensimmäinen / viimeinen

kanca / musuh

ystävä / vihollinen

kebak / kosong

täysi / tyhjä

atos / empuk

kova / pehmeä

abot / enteng

painava / kevyt

luwe / wareg

nälkä / jano

lara / waras

sairas / terve

illegal / legal

laiton / laillinen

pinter / bodo

älykäs / tyhmä

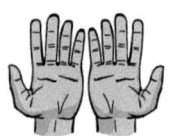

kiwa / tengen

vasen / oikea

cedhak / adoh

lähellä / kaukana

anyar / lawas

uusi / käytetty

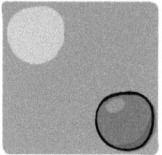

ora ana / ana

ei mitään / jotain

tuwa / enom

vanha / nuori

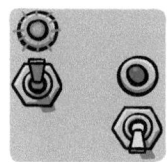

urip / mati

päällä / pois päältä

buka / tutup

auki / kiinni

anteng / rame

hiljainen / äänekäs

sugeh / mlarat

rikas / köyhä

bener / salah

oikein / väärin

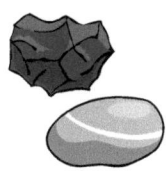

kasar / alus

karhea / sileä

susah / seneng

surullinen / iloinen

cendhak / dawa

lyhyt / pitkä

alon / banter

hidas / nopea

teles / garing

märkä / kuiva

anget / adem

lämmin / viileä

perang / tentrem

sota / rauha

0	**1**	**2**
nol	siji	loro
nolla	yksi	kaksi
3	**4**	**5**
telu	papat	limo
kolme	neljä	viisi
6	**7**	**8**
enem	pitu	wolu
kuusi	seitsemän	kahdeksan
9	**10**	**11**
songo	sepuluh	sewelas
yhdeksän	kymmenen	yksitoista

12
rolas

kaksitoista

13
telulas

kolmetoista

14
patbelas

neljätoista

15
limolas

viisitoista

16
nembelas

kuusitoista

17
pitulas

seitsemäntoista

18
wolulas

kahdeksantoista

19
songolas

yhdeksäntoista

20
rong puluh

kaksikymmentä

100
satus

sata

1.000
sewu

tuhat

1.000.000
sak yuto

miljoona

basa Inggris

englanti

basa Inggris Amerika

amerikanenglanti

basa Cina Mandarin

mandariinikiina

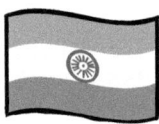

basa Hindi

hindi

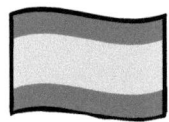

basa Spanyol

espanja

basa Prancis

ranska

basa Arab

arabia

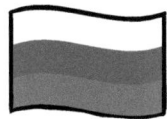

basa Rusia

venäjä

basa Portugis

portugali

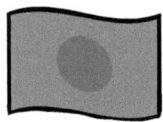

basa Bengali

bengali

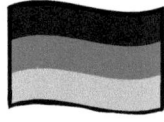

basa Jerman

saksa

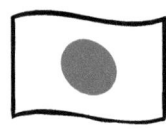

basa Jepang

japani

aku

minä

kowe

sinä

dheweke

hän

kita

me

kowe kabeh

te

dheweke kabeh

he

sapa?

kuka?

apa?

mitä / mikä?

piye?

miten?

neng endi?

missä?

kapan?

milloin?

jeneng

nimi

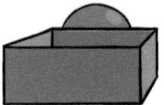

mburi

takana

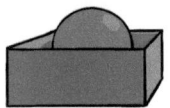

ing jero

sisällä

ing ngarep

edessä

ing dhuwure

yläpuolella

ing

päällä

ing ngisore

alapuolella

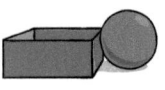

sisih

vieressä

antarane

välissä

panggonan

paikka